あなたもできるエコライフ2

生長の家本部ISO事務局＝監修

ジャーナリスト
南野ゆうり＝著

日本教文社

●宗教法人「生長の家」環境方針——基本認識——

地球環境問題は、その影響が地球規模の広がりを持つとともに、次世代以降にも及ぶ深刻な問題である。今日、吾々《われわれ》人類に必要とされるものは、大自然の恩恵《おんけい》に感謝し、山も川も草も木も鉱物もエネルギーもすべて神の生命《いのち》、仏の生命《いのち》の現れであると拝み、それらと共に生かさせて頂くという宗教心である。この宗教心にもとづく生活の実践こそ地球環境問題を解決する鍵《かぎ》であると考える。

生長の家は、昭和五年の立教以来、〝天地の万物に感謝せよ〟との教えにもとづき、全人類に万物を神の生命《いのち》、仏の生命《いのち》と拝む生き方をひろめてきた。

生長の家は、この宗教心を広く伝えると共に、現代的な意味での宗教生活の実践として環境問題に取り組み、あらゆるメディアと活動を通して地球環境保全に貢献《こうけん》し、未来に〝美しい地球〟を残さんとするものである。

はじめに

第一巻を出版して二年経て、生長の家では環境保全への取り組みはさらに高まり、太陽光を利用した太陽光発電システム設置もさらに拡大している。生長の家の大塚和富総務部長（環境管理責任者）によれば現在、総本山（長崎県）はじめ全国の教化部及び本部直轄の練成道場、世界聖典普及協会の二十カ所に大小の発電システムが設置され、合計六八四・八キロワットの発電が可能であるという。また、平成十六年度は教化部六カ所が新たに設置する予定になっており、一四〇キロワットが加わって全合計八二四・八キロワットの発電が可能となる。このほか生長の家の組織の会員六十一名の自宅にも太陽光発電システムが設置され、合計二二八キロワットの発電が可能になっている。そして、次は新たなエコロジー、風、にも目が向けられている。風力発電所だ。しかし、発電所の建設には莫大な資金がかかる。そこで、環境に優しい活動をしたいと願っている企業や団体、あるいは自治体がお金を出しあって共同で発電所を造ろうということになった。「グリーン電力証書システム」という名称の建設支援組織には、ソニー、アサヒビールなどの企業や越谷市などの自治体、ＮＰＯ法人などが参加しているが、その中で宗教法人としては唯一、生長の家が名を連ねている。その仕組みはこうだ。

風力による発電コストは一キロワット時につき九円から十円。しかし、原子力や火力、あるいは水力の各発電などを総合して得られる通常の発電では五円から六円である。この差額を上乗せした電気料金を風力発電事業者に支払うことで、「グリーン電力証書」を手にするというわけだ。この証書は生長の家本部（東京都）の玄関内の壁面を飾っていて、同時に「グリーン電力採用募金」も継続している。

「今のところ、年に約三十カ所で開かれる生長家講習会の全使用電力約二十五万キロワット時すべてを、この風力発電によってまかなっている計算です。また、生長の家本部事務所の約半分もグリーン電力を使っていることになります」と大塚部長。

太陽光に続き、風利用も定着しそうな気配を濃くしている。

一方、ＩＳＯ１４００１の取得は、平成十六年七月で本部、総本山、本部直轄練成道場、教化部の中の計三十一カ所が認証を受けて拡大を続けている。そして平成十八年度までには、すべての生長の家の法人が認証取得に向けて活動を展開することが方針で宣言されている。その活動の一端として、昼休みにはこまめに電気を消したりごみ出しの分別、またエアコンの温度設定の徹底を呼びかけるなど、マクロとミクロの両面からエコ活動を実践する動きが活発化している。

なぜ、こうしたエコロジーへの取り組みをスピード化しなければならないのだろう。地球温暖化ガス（石油などの化石燃料から出る二酸化炭素など）の排出量はどんなに省エネなどの対策を進めても二〇一〇年度は一九九〇年度より五％も増える——これは経済産業相の諮問機関である総合資源エネルギー調査会がこのほどはじき出した数字。これは地球温暖化をくい止める世界的な取り決めの「京都議定書」が目指す「六％削減目標」がもろくも崩れ去ったことを意味している。おまけに家庭やオフィスなどの民生部門が、排出量を押し上げているというから話は深刻だ。ちなみに部門別の二酸化炭素排出量は、民生部門と運輸部門は九〇年度比二〇％増。産業部門は七％減となっている。

「新聞によると、個人やオフィスでパソコンや車の使用が増えたこと、オフィスビルが増えたことなどが背景にあるということです。それにしても、知らないうちに私たち自身の生活が、地球温暖化をさらに促進しているというのは大変ショックでした」（大塚部長）。ぜひ私たち一人ひとりが温暖化ガスの排出量を減らす工夫をしなければならないのだ。そのひとつに、「菜食のススメ」がある。「私たちは、多少不便でもいいから、環境を汚さない太陽光や風を利用しようとがんばっていますね。それと同じことで、食べたい物を食べるのではなく、『食べ物を選ぶ』という考えが必要なのではないでしょうか」（大塚部長）。家庭でできるエコ活動の取り組みを示したパンフレット「地球環境を考え私たちができること…」には、なぜ菜食が環境に優しいかが簡潔に紹介されている。なかでもジョン・ロビンズ著『エコロジカル・ダイエット』から抜粋した、肉食についての次の記述は私たちを納得させるものだろう。それには「牛を成長させるため、体重を一キログラム増やすのに必要な穀物などの飼料は七キログラム、豚では四キログラム、鶏二キログラム、魚類一・八キログラムかかる」とある。

つまり、肉食が増えればそれだけ飼料の増産が要求される。ということはそのための農地拡大が進み、一部ではさらなる森林伐採が進行する悪循環が成立する。森林の減少が地球温暖化にはずみをつけることはもう周知の事実だ。

「人間一人ひとりが地球を汚さないために何をするべきかを考えるとき、そこには、人間の欲望をコントロールし、一人ひとりの意識改革が要求されているのです」（大塚部長）。私たちもきょうから「意識改革」をしようではありませんか。

南野ゆうり

平成十六年七月

CONTENTS

目次

C O N T E N T S

表紙イラスト――野村俊夫
本文イラスト――めぐろみよ

1　自然の力を活かす農業を楽しむ

農薬や化学肥料の大量散布で、多くの生き物を殺し、農地をダメにし、食品の安全性にも不安を抱かせる現代農業。一方で自然の力を活かし、自然と共存する自然農法も見直されつつある。そんな古くてしかも新しい農業に取り組んでいる静岡県御殿場市の佐藤路子《みちこ》さんに話をお聞きした。

御殿場市には、春と夏が富士山麓の町の中ではほんの少し早く巡ってくる。それから霧だ。街やその周辺に広がる田畑は、どこからともなく立ち上ってくる乳白色の濃い霧に、一瞬のうちにおおわれてしまう。だが、霧が消えたあとは、うって変わって晴れわたった高い青空がのぞくのだ。寒暖の差が激しいこうした気候条件が、この土地の茶や根菜類、また菜の物にピリリとした刺激を与え、味わい深いものに育てあげている。

佐藤路子《みちこ》さん（62歳）は、この土地の農家に生まれ、会社員の夫と結婚した。男女三人ずつ計六人の子供に恵まれ、姑《しゅうとめ》・舅《しゅうと》が健在だったときには一家十人の家族を切り盛りした。婚家も農家だから、農業に携わって四十年を超える。こうしたことが、環境問題への関心につながった。それは農業が自然の営みの一環だと実感することから始まったという。

「私は実家にいたころから父の農業のやり方が好きで、イモや野菜などを作るのが大好きでした。どうすればおいしい作物が出来るか、そのことを第一に考えてきました。その答えは何だと思いますか。土地が肥えていたら、おいしいものが出来る、当たり前のことですが、化学肥料ばかりをたくさん使うとそれは難しくなります」

　地力を維持する方法とは何だろう。

「それは、自然を壊さず自然を活用すること――雑草も上手に活用します。まわりの雑木林の落ち葉は分解するための菌糸が一杯です。腐葉土《ふようど》が出来ます。残飯や生ゴミ、籾《もみ》がら、米ぬかなども大切な肥料源です。下手をすると雑草取りに追われますが、考え方によっては、雑草は土のすごくいい栄養なんです。私は鍬《くわ》で雑草をかき、三〜四十センチくらいに深く掘った畝《うね》の中に入れて埋めます」

　鍬なら、トラクターと違って、雑草を散らさず、土中深くに入れることができるから、すき込んだ雑草から芽が出ない。それで除草剤も使わないで済むのだ。そして、貝殻の入った有機石灰を入れて中和すると、土がふわふわになるのだそうだ。

　実際にやってみると化学肥料を使っていた時と、収穫は変わらず、手間もかからない

1　自然の力を活かす農業を楽しむ

と言う。もっとも機械をあまり使わないので、多少体力はいるそうだが……。

草には水分がたっぷりで、土の保水効果も抜群だという。だから、数年前の日照りでは、佐藤さんの畑の作物は炎天下でも、すくすくと育っていたという。自然との共存がいかに大事か痛感したのが、その年だったという。

「まあ、百聞は一見にしかず」といって物置から出してくれた長靴にはきかえ、佐藤さんについて畑へ行ってみた。自宅前の市道から細い農道が伸びている。数十メートル歩くと、そこに広がっている約千平方メートルが佐藤さんの畑だという。ここで白菜、ダイコン、ジャガイモ、ホウレンソウなど、家で食べる野菜類のほとんどを収穫する。一見して栄養分たっぷりの黒々とした畝と田圃、その向こうには茶畑が広がっている。

佐藤さんは作物を育てる幸せを伝えたくて、一時期、近くの小学校の児童・生徒たちに自分の田を開放し、米作りを経験してもらったこともあった。五月の連休の頃、子どもたちは歓声を挙げながらどろんこになって水田に苗を植え、秋、それらを収穫した。

「ある女の子から『私は自然を守ることの大切さや、おたまじゃくしやヒルを白サギやカラスがついばみ、ヒルがいなくなったことなど、自然の素晴らしい演出者のことを学びました。そして小さな一歩から行動を起こすことが必要だと思いました』という手紙をもらいました。『農業の面白さと大事さを知りました。ありがとうございました』と言われて、私の考え方が伝わったという気持ちでとてもうれしかった。あの手紙は私の宝です」佐藤さんは当時を振り返るように目を細めた。と、そのとき、空気を裂く音がして、足元から茶色の大きな鳥が飛び立った。メスのキジだ。青や赤の派手な毛色のオスはと探すと、いたいた、茶畑を悠然《ゆうぜん》と闊歩《かっぽ》している。絶滅の心配さえされている珍鳥が、ここではまだ多く棲息《せいそく》している。

ときには鳥などに種や収穫物を横どりされるが、「仲間だもの」とほうっておく。「でも、白状しますとね。私には農業が一番あっていたということなんです。女学生の頃、学校の勉強も良いけど、この世の中には他にも学ぶことはある。結局、私には畑でいろんなものを作る人生の方が似合っているなって思ったのです」

佐藤さんは農業を通して人一倍、自然の美しさや環境への配慮を知った。それが自分の現在を築いた。佐藤さんはいとおしいものを見るように畑を眺《なが》めた。

豆知識①

森林破壊

世界中で森林破壊が進んでいる。気象庁によれば、森林はかつて六二〇〇〇万平方キロメートルあった。それが、農耕開始とともに消失し続け、今日までに何とその約三分の一がなくなった。現在では四二〇〇〇万平方キロメートルに縮小してしまったという。米国のシンクタンク「世界資源研究所（WRI）」が二年前発表したところによると、世界の森林は半数は破壊の危機に瀕している。たとえばこれまでは手付かずだったロシアの針葉樹林が広がるタイガで伐採が進行している。インドネシアでは大半の伐採が違法でありながら、需要とのバランスでそれをとめられない状況らしい。

実際、現在も世界中で毎年一〇万ー一二〇万平方キロメートルの森林が消失しているが、深刻なのは、とりわけ熱帯林の減少に歯止めをかける方策がみつからない点らしい。

熱帯雨林は地球全体の森林の約四割を占めている。この数値は地球の全陸地面積からみるとわずか六％だ。ところがこの六％の土地に、地球の全生物の約半分が生息している。熱帯雨林が「生命の宝庫」と呼ばれるゆえんである。しかし熱帯雨林の消失で、毎年約六〇〇〇〇種もの命が絶滅していることを知る人はあまりいないようだ。

ところで世界の熱帯林の多くがブラジル・アマゾンにある。ここでも破壊のスピードは加速している。米国スミソニアン協会とブラジル国立アマゾン研究所の共同研究によると、一九九五年以降、破壊のピッチが上がり、二〇〇〇年には青森県二つ分以上が消滅した。背景には、違法伐採に加え、鉱山開発、人口の増加などが横たわる。スミソニアン協会では、ブラジル政府が計画しているアマゾンでの大規模な道路計画などが実現すると、今後、破壊はいっそう進むとみているとのことだ。

さて、日本は世界最大の木材輸入国だ。そしてその輸入木材の半分は熱帯雨林から運ばれてくる。またパソコンの普及でオフィスでは事務用紙が少なくなったとはいえ、ゴミとして捨てられる紙の量は依然多い。この紙の原料もまた木材である。

森林はなぜ大切なのだろうか。それは、森林が地上の保水や土壌の保全などに貢献しているから。森林が消えたために洪水が増えたり、洪水による表土流出が起きて、土力は低下する。光合成によって大気中の地球温暖化ガスのひとつ、二酸化炭素を吸収しているのが森林のおびただしい種類の植物たち。つまり森林は陸上での炭素の「吸収および貯蔵庫」としての大切な役割を担っているのである。森林が破壊されると、二酸化炭素の増大をもたらし、地球温暖化を促進する遠因となってしまう。そのため私たちは森林保護の募金に協力したり、紙の無駄づかいをやめる、割り箸を使わないなどが必要だ。

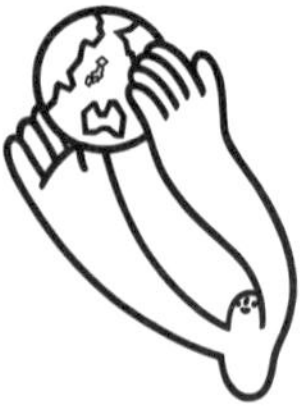

2 良い環境は、良い思いと実践の努力から

生物のホルモンバランスを崩すとされるダイオキシン類、ポリ塩化ビフェニルなどの化学物質は「環境ホルモン」と呼ばれている。人間が作り出したものだから、人の努力によって問題は解決できるはずだ——そう思った馬《ま》渕《ぶち》浩《ひろ》子《こ》さんは、良い環境を取り戻すための実践をはじめた。

北海道北部の北見市に住む馬渕浩子さん（72歳）が「環境ホルモン」（内分泌撹乱物質）に対して危機感を持ったのは、平成十四年一月のことだった。

「新聞に『トドの汚染調査・環境ホルモン蓄積』と書かれていたのを読んだのです。環境ホルモンの汚染状況を調べるために、北海道大学がトドの研究を始めるということでした。環境ホルモンに汚染された魚介類をえさに食べているトドの体内では、環境ホルモンがさらに濃縮され、生殖機能を冒している可能性があるというんです。読んだときぞっとしました。もう手遅れだったという結論が出ないことだけを祈りたい気持ちです」

その新聞には、環境ホルモンは食物などを通して生物の体内に取り込まれると体外には排出されず、生殖機能を低下させるなどの害があるのだと書かれていた。環境ホルモンは、魚介類などではオスの生殖機能を低下させたり壊したりすることが分かっている。また人間では成人男性の精子が減少する現象もそのホルモンの作用だとされている。

つまり、生物が子々孫々生き残っていくために必要な生殖機能にダメージを与えることから、種の存続に赤信号をともすものとして危険視されているわけだ。そのメカニズムはよく分かっていない。が、どうやら一連の化学物質が体内でホルモンに似たふるまいをすることで、正常なホルモンメカニズムを破壊するらしい。

「環境ホルモンは人間が作り出した人工の有害物質です。ならばダイオキシンや塩化ビフェニルなどの毒素を持った物質が原料となったものを使わないことだと思いました。たとえば、マーケットでもらうビニールの買い物袋はやめて、自分で布製のものを持参するとか、ダイオキシンが出るようなごみなどを燃やさないとか、個人でもできることがいっぱいありますね」

生長の家では「天地一切のものに感謝せよ」「山も川も草も木も鉱物もエネルギーもすべて神の生命《いのち》、仏の生命《いのち》の現れである」という教えをもとに、地球環境問題に取り組んでおり、環境に関する国際的な規格である「ＩＳＯ１４００１」の認証を平成十三年七月に本部事務所と総本山で取得している。その後、本部直轄の練成道場三カ所と全国の教化部二十六カ所が取得している。

そして、環境保全の実践のために『環境問題を考えよう!――家庭でできる取り組み――』というパンフレットを制作し会員に配布した。

そこには生長の家全体の環境問題への取り組みが紹介されるとともに、個人レベルでも十分できる事柄が提案されていた。

「まず世界の環境破壊がどの程度なのかをみたとき、ここまで進んでいるのかと愕然《がくぜん》としたものです。世界の森林破壊の現状とか、オゾン層の問題、また地球温暖化などですね。早く何かを始めなければ手遅れになってしまうという気持ちにかられました」

そのパンフレットで、馬渕さんが関心をもったのは日常生活における自己チェックの項目。電気、水道・ガス、自動車、ごみなどの項目は、誰でもその気になれば生活の中でできるものばかり。例えば、エアコンについて「冷房は二八℃、暖房は二〇℃を目安に」、電子ジャーは「三合のご飯を十二時間保温すると、同量のご飯を二回炊くのと同じ消費電力になる。保温は六時間以内。レンジでチンがお得」。

また、水を汚さない工夫では、「洗剤は適量を洗い桶に溶かして使うと、洗剤の使用量が少なくてすむ」などと具体的だ。さらに、汚れた水を捨てた場合、魚がすめる水質に戻すために必要な水量が表で示されていた。五〇〇ミリリットルの天ぷら油は三〇〇リットルの浴槽で三三〇杯分。牛乳二〇〇ミリリットルでは浴槽一〇杯分など。その数字のすさまじさは想像を超えていた。

「とにかく驚きました。うちでは今年新しい冷蔵庫を買ったんですが、オゾン層破壊の原因になるフロンは出さず、しかも電気消費量の少ない冷蔵庫を選びましたよ。北見はタマネギの産地。きれいな水で育つ根菜類のおいしさは全国に自慢できるもののひとつです。いつまでもこの環境を守るのは私たちの役目ですね」

馬渕さんは現在、小学校の教諭だった夫と二人暮らしだ。二人の娘はそれぞれ結婚し、独立した。その夫は平成八年に肝臓がんが発見され、「余命一年」と宣言された。しかし、それから六年後には毎日散策に出たり、小旅行ができるまで回復。直径十センチもあったがんは検査でもきれいに消えてしまった。

「『病気はつくられるもの』といいます。完全円満な世界を創られた神様を信じ、美しい環境や周りの人々に感謝する気持ちを持ったことがよかったのです。夫婦で並んで孫の顔が見られるようになるとはあの時は思えませんでした。子供をこの世に送り出してよかったと思える環境にできるものは、やっぱり個人ひとりひとりの努力なんですよね」

豆知識②

水銀とクジラ

一九九九年秋、第一薬科大学などのグループは、国内で市販されている鯨肉やイルカの肉が水銀などの産業廃棄物で汚染されていることをつきとめた。とくに汚染されていたのは日本沿岸のイルカだった。その後、同グループが発表したところによると、和歌山県と東京都でクジラとして市販されているイルカの内臓肉の加工食品など計二十六点に、最高で厚生労働省の基準値を大幅に上回る高濃度の水銀が含まれている商品が複数みつかったという。

ところで海に捨てられたこれら有害物質はどのようにしてクジラやイルカの内臓に蓄積されることになったのだろうか。それはこうだ。有害物質はまずプランクトンに蓄えられ、それを食べた小魚から大型魚を経て、食物連鎖の上部に位置するイルカやクジラに移行する。クジラなど大型動物の体内ではこれらの有害物質は最大限に濃縮され（生物濃縮）、それを食べる地球上の食物連鎖の頂点に立つ人間もまた汚染されてしまう。

専門家によると、私たち陸上の哺乳類はわずかずつではあるが、有害物質を酵素の働きで代謝できる力を持っているそうだ。しかし、同じ哺乳類でもイルカやクジラはその働きが陸上の哺乳類より弱く、有害物質が蓄積しやすい性質なのだという。

　これら有害物質はまた発がん物質でもある。したがってがんの増加や免疫力の低下などを招くだけでなく、母乳から赤ちゃんへの汚染が問題視されてもいる。

　現にイルカやクジラでは、その出生率や生存率の低下が云々されている。人間による海洋汚染や有害物質の海洋投棄などが原因と思われる健康を害したクジラなどの報告も相次いでいる。このような状態が続けば、繁殖力の低下から絶滅の危機に瀕することは目に見えている。

　汚染されたイルカやクジラの体をきれいにして、健康を取り戻させる方法はないといわれている。なぜなら海中でこれらの汚染物質が分解されるまでには気の遠くなるような時間が必要だからだ。

　水産庁は「日本人一人あたりの鯨肉摂取量は少なく、汚染クジラなどを食べたとしても、すぐに健康に害があるとはいえない」といっている。しかし、問題はその数値ではなく有害物質の海洋での拡散という現状である。これを放置すれば、やがて確実にクジラやイルカは絶滅してしまうだろう。ひいては生態系が崩壊し、我々人間にもその影響が及ぶのは避けられない。海洋汚染の元凶は人間の生産活動。ならば、私たち一人ひとりが海を汚すのをやめなければならないのは今すぐということになる。

3 海や山をきれいにしよう

夏に山や海に出かける人は多い。でも、そこに空き缶やプラスチックなどのゴミが散らかっていることが少なくない。イヤだなと思うだけではなく、少しでも拾ってみよう。拾った分だけはきれいになり、子供たちを連れていったら、素晴らしい親子の会話を通しての教育の場となるのです。

淡いピンクのハマヒルガオが、砂浜を一面に埋めている島根県鹿島町《かしまちょう》の古浦《こうら》海岸。ここは山陰有数の恵曇《えとも》漁港を抱える港町だ。初夏の明るい日差しが、その町並みの向うに広がる日本海を群青《ぐんじょう》に染めあげている。非の打ち所のない美しい海岸の風景だ。

ところが、青々と繁《しげ》る海岸の植物群の根もとはと見ると、ある、ある、ある。プラスチック製の容器、ライター、釣り糸や網、何に使われたかもわからない道具類や生活用品などの廃品が数多く捨てられている。

「汚ーい、海岸なのにゴミ捨て場みたい」「燃えないゴミが何でこんなにたくさん落ちてるんだよぉ」。海岸で子供たちの黄色い声が響く。浜辺では、ここから車で二〇分ほどの松江市黒田町にある生長の家松江道場の日曜学校「松江生命学園」の学習活動の一環として、海岸のゴミ回収作業が行われているのだ。
「燃えないゴミと燃えるゴミは別々の袋に入れてね」。父親として参加した大谷修司・島根大学教授（46歳）が呼びかける。この日の参加者は、幼児から小学六年までの子供たちとその保護者や指導者たち、計三十一人。軍手をはめた手が次々にゴミを拾っていく。「重い」「あっ、外国の文字だぞ」「釣りのえさ箱や釣り糸がたくさん落ちてるよ」などの声がにぎやかに飛び交う。

このゴミ回収を計画したのは、大谷さんの妻の美穂さん。「松江は日本海が近いので、夏には家族で手軽に遊びに出かけますが、きれいな海岸なのに、ゴミがいつも溜まっているのが残念です。生長の家では現在、自然に感謝し、環境を大切にする運動をしていますが、私たちの生命学園でも何か出来ないかと考えました。そこで海岸に出て、ゴミを通して地球環境問題を考えようと思ったのです」

ここで修司さんの専門知識が役立つことになった。修司さんは、淡水から汽水域（海水と淡水が混じり合った水域）の藻の分類や生態が専門で、島根の名所・宍道湖《しんじこ》での調査や、南極大陸で三回調査して得たデータをもとに、研究を続けていて、地球環境の変化にも関心を寄せている。

ゴミ拾いが一段落すると、修司さんは海岸の砂浜に子供たちを集め、話し始めた。

「皆さんは集めたゴミを捨てると、ゴミがなくなったと安心していませんか。でも、プラスチックなどのゴミは、最終処分場と呼ばれる大きなゴミ捨て場に運ばれて、そのまま捨てられています。正しくゴミを出していてさえそういう状況ですから、正しく出さない場合はもっと悪い結果が待っています。たとえばこの燃えないゴミです」

ゴミ袋から茶色く錆びた小型のガスボンベを取り出した。ラベルにはハングル文字が印刷されている。

「これは韓国から長い間、海を漂流して日本にたどり着いたと考えられますね。もし私たちが同じようにゴミを海に捨てたら、今度は私たちのゴミが日本海を渡って、ロシアやほかの国の海岸に流れ着いて、その国のゴミになってしまいます」

修司さんは黄色い断熱材がむき出しになった冷蔵庫のドアを、参加者の前に掲げた。

「冷蔵庫には冷やすためにフロンガスというものが使われているのを知っていますか。フロンガスは空高くに上がっていって、地球にふたをする形で温暖化を促します。また、宇宙から飛んでくる有害な紫外線などから地球をまもっているオゾン層に大きな穴を開けて、オゾンホールをこしらえます。ですから冷蔵庫なども決められたとおりに、きち

んと捨てることが大事ですね」参加者が大きくうなずいている。

「次は大気、空気の話です。春先になると中国大陸から黄砂《こうさ》が飛んできて、車や洗濯物を黄色い細かな砂で汚します。中国大陸で砂漠化が進み、飛んでくる黄砂も年々増えています。それで分かるように、海や大気は外国とつながっています。地球はひとつなのです」「へえ、そうなんだ！」子供たちの目が驚きで丸くなった。

松江生命学園の稲本雅士《まさし》さん（58歳）は「松江にはホタルやカブトムシなどの昆虫類もまだ多く棲息《せいそく》しています。でも環境破壊が進めば、いずれはそうした動植物も失われてしまいますね」。また松江道場総務で園長を兼務していた三島郁造《いくぞう》さん（72歳）も「私が子供のころ、宍道湖は湖底の砂まで楽々と見通せたものです。今は水深一〜二メートルぐらいまででしょうか。自然の本来の姿を、我々の世代が教えていくことも必要ですね」と相づちを打つ。

大谷美穂さんは、東京生まれの東京育ち。修司さんの島根大学赴任とともに、松江に引っ越してきてから、イモリやカエルなどが好きになった。「この美しい環境のおかげです。今回のような活動を続けることで、さらに環境問題への関心を高めていきたいものです」と話していた。

豆知識③

砂漠化

地球が砂漠化する——いったいどういうことなのだろう。一口で言えば、これまで生産可能だった土地の生産力が落ちること。また、実際に砂漠の状態になって、その土地に住んでいた動植物が消滅することで生態系が壊れ、これまで存在した社会が成り立たなくなることである。

こんな恐怖の現実が今、乾燥地帯を中心に世界各地で起きている。とりわけ中国の砂漠化は深刻な状況だという。

中国における砂漠化の原因の一つは、悪名高きあの黄砂である。といっても、鶏が先か卵が先かの議論と同じく、黄砂と砂漠化はどっちが先かを問うのは難しい。

黄砂というのは、主としてゴビ砂漠やタクラマカン砂漠などの乾燥地帯や黄土地帯で、強風によって吹き上げられた多量の砂塵が、上空の偏西風に運ばれて降下する現象。これは中国だけでなく日本や韓国などでも観測される。春先にみられることが多く、濃度が高いときは、文字通り空が黄褐色に染まるのが特徴だ。

気候変動に関する政府間パネルによると、黄砂は日本は年間一－五トン／平方キロメートルだが、北京では月一五トン／平方キロメートルも観測される。

　平成十四年に中国では拡大する黄砂の原因は砂漠化によるとの前提に立った「二〇〇一年中国環境状況報告」をまとめた。それによると、砂漠化したのは国土の約二五・六％の約二百四十六万平方キロメートル。そして毎年新たに、鳥取県に相当する面積の三千平方キロメートルが砂漠化しているとしている。長崎県衛生公害研究所がインターネットでアップしているリポートでは、「黄砂はこれまで自然現象だと思われてきたが、中国では過放牧や農地転換による耕地拡大などの人的なものも黄砂を増加させる遠因だ」と主張している。こうした黄砂を含む砂漠化現象は、種の絶滅や気候変動などとの深い関連が指摘されているばかりか、それは悪循環を引き起こしてもいるようだ。

　たとえば石油、石炭などの化石燃料の燃焼、焼畑農業などで発生する二酸化炭素の増加による地球の温暖化、森林破壊や酸性雨の増加、またオゾン層の破壊などによる気候変化、加えて火山の大噴火も砂漠化につながる。それがまたこれらの諸条件を引き起こし、双方が雪だるまのように問題を膨れ上がらせている。

　取り組みとしては政府開発援助（ＯＤＡ）による技術と資金の協力、乾燥地における農業や水利用の方法についての研究など。問題が地球規模の拡大をみせることから、今後の行方に注目が集まっている。

4 庭木を育てて、クーラーなしの生活に

夏の都会は非常に暑い。とはいえ、個人のちょっとした工夫・努力で夏を涼しくすることも出来ないことではない。庭に木を育てることもその一つだ。

新潟県新発田《しばた》市の駅近くの市街地に住む宮原洋子さん（61歳）は毎年、梅雨の時季にうちわや扇風機などを納戸から出し、真夏に備えるのが習慣だ。そして夏本番の宮原家では、居間や座敷に置かれた扇風機をフル回転させ、縁側から入ってくる風を部屋々々に呼び込んで暑さを和らげるのである。

「ひと夏でクーラーを使うのは、来客や日中のものすごく暑い時だけです。昼間はもちろん、夜も網戸のみで窓を開け放して寝ますから、クーラーはあんまりいらないのですよ」と洋子さん。

クーラーなしの生活は、電気代の節約（エネルギー消費を抑える）だけでなく、病気を未然に防ぎ、健康を維持するため、医療費の節約にもつながるという。夏の外気との温度差が原因で起きる倦怠感《けんたいかん》、食欲不振、夏ばてなどに陥ることも少ないからだ。

こうした生活ができるのは、県立新潟工業高校の電気が専門の教師だった夫の幸二さん（61歳）が長年かけて作ってきた手作りの庭のおかげだ。宮原さん宅の庭には、マツ、フジ、スモモ、カエデなどが葉を茂らせ、地面に黒々とした樹影を落としている。下草にはスズラン、ギボウシ、ヤブコウジなどが生え、山あいの自然の懐《ふところ》に抱かれているよう。それにこの家にはコンクリートの塀がない。家の周りを囲っているのは、何種類もの樹木だけ。木々を渡る風が十分冷やされ家の中に入ってくる。涼しいわけだ。木々はまさに自然のクーラーなのだ。

「それだけじゃありません。地球の温暖化の一因といわれている地表の温度の上昇・ヒートアイランド現象は、山を切り崩したり田畑を宅地に変えたりしたことが遠因になっていると言われていますね。それに加えて、コンクリートを多用することも地面の温度をつり上げることになるんです。コンクリートでできた都会のビル群が、クーラーなどの多用とともに、ヒートアイランド現象の元凶になっているんです。そこで、私は庭はなるべく自然のままにしておこうと考えたわけなんです」

幸二さんに続いて、洋子さんも説明する。「所狭しと木や山野草が植わっている感じがするでしょ。剪定《せんてい》は夫が時々するにはするのですが、たいていは木が枝を伸ばすにまかせているのですよ。長年たつとそれぞれの木が本来の姿に落ち着いてくるんですね」

その木の根本に、栄養分としてお米のとぎ汁を注ぐのは、洋子さんが自分に課している自然環境への配慮である。

「キッチンから捨てたわずか二リットルのお米のとぎ汁が川に流れた場合、それをきれいな水にするためにはお風呂の浴槽（三〇〇リットル）四杯もの水がいるそうです。聞いて恐ろしくなりました。地球を汚しているのは、私たちなんだって……。それ以来、必ずとぎ汁は木や花にやることにしています」

こうした養分を含んだ生活排水が多量に川や海にあふれたとき、水系は「富栄養」に傾き、自然の生態系が破壊される。洋子さんの周りでも、それはすでに目にみえるものとなって現れているという。

そのひとつがミズバショウの巨大化だ。宮原さんの自宅から車で数分のところに「五十公野《いじみの》公園」がある。その公園の湿地にはミズバショウが群生し、白いかれんな花が人々の目を楽しませてくれる。だが夏の始めに記者が取材に訪れたとき、それは高さ一メートル近くにまで成長し、ミズバショウらしからぬ大きな葉を広げていた。

「年々、大きくなっている感じなのです。私たちの知らないところで、すごいスピードで環境破壊が進んでいるのではないでしょうか。不安になりますね」

こうして洋子さんは週数回、ごみ拾いをするようになった。ごみ出しの日の朝、少しだけ遠回りをして、道端に落ちているごみを拾うのだ。遊歩道を歩きながら、カンや紙・ビニールなどをゴミ袋に入れていく。

「何もしなければ何も始まりません。私は、町内会の会長さんが、ごみ拾いに回っていられるのをみて真似をしたんです。私の姿がまたほかの人の目にとまり、ごみ拾いを始めてくだされればいいなと思っていますが、押し付けでやっても長続きはしないと思います。そう思った人がもっと増えればいいですね」

庭に目をやると、黒々とした土からニラやパセリなどが顔をのぞかせている。

「あれですか。あれも茂るにまかせたものばかりですね。むしった雑草を積み上げて放っておいたものが、腐葉土《ふようど》となってああして毎年、芽を出すのです。雑草なんかも石灰を入れると早めに腐葉土になるんでしょうけれど」

住宅街の中のオアシス。宮原家では、月並みながらそんな言葉があてはまるような生活空間が広がっていた。

豆知識④

塩害について

表面が塩の結晶で覆われた土地や河川や湖沼が点在する。たとえば豪州では地下水に含まれる塩分が土地をやせさせ、穀物の収穫に甚大な被害を及ぼしている。「塩害」と呼ばれるこの現象は、旱魃などで土中の塩分濃度が高くなる塩土害と、風によって海水の飛まつが運ばれたために起きる塩風害があるが、豪州の場合はその複合型だそうだ。

この塩害、もとはといえば森林の過剰伐採が原因だ。それまでは樹木が塩水を適度に吸い上げ発散させていたのだが、森林がなくなったことで塩分が地下水にとどまることになった。加えて乾燥地帯のためもともと土地には塩分が多いうえに、地下水をしみこませた土がさらに塩分濃度を高くしていったのだ。

平成十四年六月二十四日付け毎日新聞は、塩で白く固まったショッキングなアデレード郊外の沼の写真とともに、現場レポートを掲載している。それによると、塩害はいまや豪州国内の耕地面積の五%に及び、今世紀半ばには、日本列島の三分の一に相当する土地にまで拡大する恐れがある。農地以外でも、多くの場所で川の水の塩分濃度が過去の二倍になったことや、河川の流域に建った家々の土台近くのレンガが塩の白い粉をふいている様子を伝えている。深刻なのは、飲料水を川からの取水に頼っているアデレード。ここでは、水質が悪化し、やがては世界保健機関の安全基準を下回るだろうと推測されていることだ、としている。

こうした塩害の拡大を防止するには、まず植林があげられる。

豪州政府から共同の調査依頼を受けた日本の農水省では、土壌の塩分が通常の植物が生育できないほど高くなっているため、早急な対応策として植林を行うとともに、多年生の牧草を植えるべきとアドバイスした。

一方、豪州では塩害にあった農家が、環境保護団体と足並みをそろえて政府に環境保全の申し出を行うなど、異例の行動を起こしたという。そして、政治家がそのための公約を作成すること、政府は環境問題のリーダーシップをとること、環境復元へ向けての新しい投資を行うこと、また民間部門の参入を強化することなどの提言を行った。

国連環境計画では世界の灌漑農地の約二〇%が塩害のために危機的状況にあるとしている。こうした塩害は豪州のほか、米国カリフォルニア州、中国、ヨルダン、シリアなどでもみられるという。

決して対岸の火事ではない。経済性だけをみた自然破壊が、結局のところ、われわれの首をしめるという現実を、塩害は如実に物語っている。

5 ゴミ置き場の管理で街を美しく

家庭からのゴミが集まるゴミ置き場を、カラスが荒らしたり、不心得者が正しくないゴミの出し方をすることは、今や全国的な現象。それを防ぐために網をかぶせたり、後始末をしなければならないことも。そんなゴミを管理し、街を美しく保つために地道な奉仕をしてくれている人がいる。

北海道・旭川市に住む南野《なんの》かつよさん（87歳）の居間の窓は、南東に大きく開いている。窓からは、片側二車線の道路を行き来する車の列と数十メートル離れた隣家の歯科医院、そしてその中間にあるゴミ置き場がよく見える。南野さんはそのゴミ置き場を居間の窓から一日何回も眺めるのが習慣だ。

ゴミ置き場には高さ二メートル強のポールが立っていて、そこにはビニール製の緑色の大きな網がきちんと畳まれて巻きつけられている。

「あの網は、カラスなどからゴミ袋を守るためのものです。月曜日と木曜日のゴミ出しの朝には、網を広げてその中にゴミ袋を置くようにしています。ゴミ袋が網の上や外に放り投げてあると、カラスがいち早く見つけて食いちぎり、中のゴミを道路に撒《ま》き散らします。それが雨や雪の日には路面にへばりついてとても汚い。またゴミ出しの日ではないのに出してあったり、車の中から放り投げていく人も見かけます。それが気になりましてね、窓からそういうゴミが見えると取りにいって掃除したりしています」

他人の捨てたゴミ袋の管理、大変な仕事だと思えるのだが……。

「だれに頼まれたわけでもないんですよ。この年までいたって健康で、三人の子供たちも独立しました。夫には先立たれたとはいえ、孫七人、ひ孫二人に恵まれ、幸せです。その感謝の気持ちを何かでお返ししたいと思ったとき、ゴミ拾いが私に与えられた仕事だと思っただけなんです」

南野さんは北海道大学看護法講習科を修了。北大病院で看護婦として働きながら助産婦の資格も取得した。結婚して引退したが、ある年出席した同窓会で先輩に勧められ、縁あって道立旭川保健所（現在・上川《かみかわ》保健所）に再就職。「それから六十七歳まで、何と三十一年間も勤めさせていただき、その後も八十歳まで時々手伝いに行かせてもらいました」と感慨深げだ。

この再就職は、世間に対して視野を広げる機会を与えてくれた。振り返れば、仕事を通して見聞きした日本人の変容を強く実感したのは、戦後すぐの時期だったようだと言

ごみ置場

う。「三歳児検診などを担当していたときです。昔の親は、子供が泣き叫んだり廊下を走りまわったりすると、それはいけない、ここはみんなの場所だから我慢しなさいと、時には体罰もまじえてピシリと叱り付けたものでした。けれど戦後、親は年々、子に甘くなりましたね。子供だって、公の場に出れば社会人なのだから、人間としての基本的なしつけをしなくてはいけないのに、それを放棄してしまった親が多いような気がします。親が子に甘くなったのと並行して、たとえばゴミ出しのマナーも悪くなり、ゴミのポイ捨てを恥だと思わない人も増えました。そうして町や川が汚れていった、と思うのは私だけでしょうか」

　耳の痛い話ではある。それにしてもマナーの悪さを助長している原因は、時代の豊かさにもある。包装過剰気味の食料品や日用品が巷にあふれ、ファーストフードの店やコンビニが立ち並び、ゴミが出る機会が急増した。

「豊かになって、何でもお金で解決できるようになり、それらのゴミも、ゴミ処理場を作って処分すれば済むとなると、個人でゴミを片づけようなんて思わなくなってしまいました。ゴミが多くなったことを気にする人も少なくなったのでしょう。犬のふんをビニールに入れたまま、道路に捨てていく人まで出てくる始末です」

そういう南野さんは、これまで生ゴミをゴミとして出したことがない。家の裏手の菜園に三十センチほどの穴を掘って、埋めたり、専用の生ゴミ処理器に入れ、市販の分解促進剤をふりかけ一年ぐらいして発酵したところで土に戻してきた。

今も庭にはこの腐葉土で育てた野菜がたわわに実をつけている。

「本来ゴミになるものは少ないのではないでしょうか」

取材した日も、ゴミ出しの日ではないのにゴミ置き場には缶の入ったビニール袋が一つ捨てられ、風に吹かれていた。南野さんはそれを見つけると、サンダルをつっかけ拾いに行き、家まで持ってきた。ゴミ出しの日まで物置場に保管するのだ。そして再び出ていって、強風でほどけた網をていねいに巻き、ポールに縛り付けた。ゴミ袋がゴミ収集車で運ばれたあとの網の始末のほか、毎朝ビニール袋を持って町内を四十分間ぐらい回り、ゴミ拾いをする。これらの功績に対して、南野さんは平成十三年の敬老の日の祝賀会の席上、町会から「地域の清掃に貢献した」と表彰された。

ところで南野さんは現在、陶芸に夢中である。皿や花瓶にまじってさまざまな顔と色のふくろうが仏間の床の間を所狭しと占領している。「ふくろうは知恵の神。みんなで知恵を絞って、再利用できるものはそうなさいって、そう言ってるのかもしれません」

豆知識⑤

キリマンジャロの氷冠が消える

「十数年内にキリマンジャロの氷冠は消える」「二十一世紀中に北極海付近の氷が消える」「南米大陸南端のパタゴニアの氷河が消える」、はたまた「アルプスの雪が消える」、永久に続くと思われたこうした大自然が「消える！」という報道が繰り返される。

世界自然保護基金の調べによると、二十世紀中に、地球温暖化によってアフリカの平均気温は〇・七度も上昇したという。たとえばキリマンジャロの氷冠は一九一二年当時に比べると、約八二％も減少した。このままだと氷はやがて完全に消滅する。これに追い討ちをかけるのが、アフリカの焼畑農業だ。「毎年、同国のサバンナ（草原）の三分の一が焼失している」と悲痛な報告は続く…。この状態が進行すれば、生態系の維持に必要な生物の多様性がさらに損われ、種の絶滅に拍車がかかると警告を発している。

温暖化を示す数値は、米航空宇宙局ゴダード宇宙センターからも出された。同センターは一九七八年から二〇〇〇年までに人工衛星を使って観測したデータの分析から、北極付近の平均気温は十年間に一・二度上昇していることを突き止めた。この温暖化のスピードは、これまでに考えられていたよりも早いペースであり、海氷がとけると海水の温度が上がり、さらに海氷をとかすという悪循環が生じかねないと懸念している。

　氷河の後退が起きているパタゴニアでの写真を掲載したのは、平成十六年二月十四日付け朝日新聞だ。一九二八年、ウプサラ氷河は白く広く海面を覆っているが、二〇〇四年にはその分厚い氷河が大きく後退し、あとには海水面が顔をのぞかせていて、その変化が歴然とした。この写真は国際環境団体の「グリーンピース」が撮影・公表したもので、同団体は「パタゴニアでは年間、東京ドーム三万四千個分に相当する四十二立方キロメートルの氷が消えている」とコメントしている。

　その十日後、同紙はジュネーブからの報告として、アルプスの雪不足を報道した。それによると、スキーができるために必要な降雪が得られる標高が今後半世紀で五百メートルも上がる。予測ではスイス国内のスキーリゾート二三〇カ所では、今後二十五年後に約四割が雪不足に苦しむことになるという。

　国連環境計画の調査に加わったチューリヒ大学は、スイスのスキー場では現在、標高千二百から千三百メートルでスキーができるが、二〇三〇年には千五百メートルまで上にいかないとスキーができなくなる。また五十年後には千八百メートルにまで上がらなければならなくなるとしている。氷河の後退はここ数年続いているアルプス地方の異常気象による猛暑も加担していて、スキー場の危機感が増しているという。

6 富士山を美しく保つ。自然を大切にする取り組み

お正月になると雪をかぶった富士山の美しい写真が街にあふれる。あの雪は夏になると溶けて地下水になり、やがてはきれいな湧水《ゆうすい》となって富士山麓をうるおしていく。しかし、その富士の自然環境が観光客や登山者のゴミの投げ捨てなどによって、乱され汚されている。

見事な円錐形の山体と、フレアスカートを広げたような広大な裾野《すその》を持つ美しい富士山。その富士山には、常に流れている河川がないということをご存知だろうか。

「富士山は、地下の奥深くにあるマグマ溜りから噴き上げられた玄武岩質の溶岩や火山灰で構成されている珍しい火山なのです。玄武岩溶岩は急冷されて表面と下底は穴がたくさんあきますが、中心部は緻密《ちみつ》に固まります。だから富士山の高所で降った雨や雪は地下にしみ込み、何層も重なった溶岩層の間に蓄えられ、押し出されるように末端から湧《わ》き出すのです。水をたたえた川が富士山にないのはそうした理由からなんですね」

こう説明するのは、静岡大学の土隆一《つちりゅういち》・名誉教授（専門は地質学・地下水）だ。土さんは同大で長年教鞭《きょうべん》をとり、地球科学の専門家として、富士山の成り立ちや富士山の自然環境についての研究を続けてきた。退官した今、静岡県などの依頼を受けて、地震・災害から地域を守る防災面の知識提供やアドバイスを仕事としているほか、富士山の環境を守るボランティア団体「ふじさんネットワーク」（事務局・静岡市、県環境森林部環境政策室）の会長として富士山一帯の環境保護に力を注いでいる。土さんが話を続ける。

「富士山のあの広い裾野の下は、たっぷりと水を溜める水瓶みたいなものなのです。富士山に雨や雪が降るとその水瓶にたまって地下水を押し出しますね。するとその地下水が山麓のあちこちで湧水となって現れ出るわけです。白糸の滝、富士五湖、忍野八海《おしのはっかい》といった名所も、実は湧水が作った大自然なんです」

川底の砂や砂利を巻き上げてこんこんと湧き出す湧水。富士山に川はなくても、その山麓では湧水が水源という珍しい川が存在する。富士山の南端にあたる三島市と清水町などを貫く狩野《かの》川、そこに注ぐ全長一・二キロの「柿田川」もそのひとつだ。JR三島駅から車で約十分、国道1号線のすぐ南を流れるこの川は、全体で十三カ所の湧水を抱えている。現在、湧水地一帯が「柿田川湧水公園」に指定されていて、訪れる観光客の耳目を集めているところだ。湧水の一部は公園内に設けられた数カ所の展望台からも眺めることができる。

取材した日、そこは狩野川から遡上《そじょう》した鮎の大群の産卵の場所となっていた。あたりにはカワセミなど野鳥の声が鋭く響き、ミソソバの白いかれんな花が水面に影を落としている。水量・流量が安定している柿田川では河畔《かはん》いっぱいにエノキやハンノキなどが茂り、四季折々の野生動植物や水生動物などの生息地でもある。富士山全体の湧水量は、毎日約六百六十万トンにも上るが、その二割がここ柿田川の水源から湧き出している計算らしい。一年を通して水温はセ氏一五度。夏冷たく冬温かい自然の水がここには生きていた。さらに汚れの程度を表す「ＢＯＤ値」で見ても、水道の水質基準としては第一級に認定されるとのことだ。飲んだらさぞかしおいしいだろう。

「そうなんです。地下水は湧水としてあふれてくるまでに十年から十五年かかって溶岩の中を通り、その過程で鉱物がほどよく溶け込むのです。だからここのお茶やご飯はおいしいんですね。富士山の裾野を作っている溶岩の間にこうした豊かな水が蓄えられているのだと思うと、自然の仕組みがいかに奥深いものであるかを考えずにはいられません」

しかし、土さんの顔は曇った。

「心配なのは湧水の量が近年、少し減ってきていること。富士山麓の開発が進むとともに地下水のくみ上げ量も増えました。東海道新幹線の開通、石油ショックなどと時期を同じくして水量はぐんぐんと減り続け、国が定めた『名水百選』に選ばれた一九八五年ぐらいから少しずつ、盛り返してはいるのですが……」

ところで、「ふじさんネットワーク」の有志は平成十四年七月、「富士山エコレンジャー」を発足させた。ここでは富士山の登山者にゴミの持ち帰り、投げ捨て禁止を徹底してもらうようアドバイスするほか、トイレの利用のエチケットや動植物の無断採取、植生の踏み荒し禁止などを呼びかけている。毎年、夏の開山期に大勢の登山客で賑わう富士山では、それらの行為がもっとも環境への悪影響を及ぼすものとして恐れられている。

訪れる人たちのマナーの悪さや自然への無関心がその背景にあるのではないか、と土さんは分析する。こうした事情を受けて同年八月、富士山では山頂と須走《すばしり》口本などの山小屋の経営者らが国、県、小山町などの補助を受けて木屑《きくず》でできた「オガクズトイレ」を完成させた。これで、これまで屎尿《しにょう》やトイレットペーパーが環境を汚していたのが解決し、においも消えた。「多くの人に富士山の地下水のメカニズムを知ってもらって水の無駄遣いをなくすこと、また安全な飲料水の確保のためには、いつまでも富士山の水がきれいでなければならないことなどをわかってもらいたいですね。富士山の自然を保護して、いつまでも富士山が日本のシンボルとして誇れるようにしなければなりません」

豆知識⑥

温暖化ガスの売買

二酸化炭素（CO_2）などを地球温暖化ガスというが、その排出量を国や企業間で売買する仕組みが注目されている。この排出量取引は、温暖化ガス削減を目指す京都議定書（一九九七年）で導入が決定され、あわせて各国の温暖化ガスの削減目標も取り決められた。たとえば二〇〇八年から十二年の間に、日本は一九九〇年比で六％、米国は同七％の削減を目標とすることと定められた。

最初に温暖化ガスの売買をスタートさせたのは、イギリスだった。二〇〇二年のことだ。この売買システムは、目的の削減値より上回った国や企業が、削減がスムーズにいかない国や企業に売却できる仕組みである。しかし、この仕組みでは、せっかく決めた削減目的値を守らない国も出てくるのではないかとの批判も強かった。実際、早くも米国では目標値達成は不可能との声をあげているし、現在、日本も削減値が守れるかどうかあやふやな状態である。このことは別の項目で説明するが、削減できない国や企業は、安いコストで削減達成できる可能性があるため、売り手と買い手の利害が一致することは確かだ。

さて、イギリスの削減値は一二・五％と高い。毎日新聞の平成十四年九月二日付けの報道によると、取り引き市場はロンドンのシティーに置かれ、環境税と排出量取引を組み合わせた〝アメとムチ〟の政策でスタートしたという。環境税は、電気などのエネルギー消費費用の一五％を企業から取り立てるもの。ただし、英政府が決めた二年単位の削減目標（企業によって異なる）を達成した企業は税の八〇％が免除される。政府はガスの売り手を育成するために、目標達成しようという企業には報奨金を払うことも決めた。その五年間の報奨金の額はCO_2一トンあたり五十三・三七ポンド（約九千八百円＝当時）。総額は二億千三百万ポンド（約三百九十二億円＝同）。

同国内では、この報奨金制度に、航空会社や石油会社など大手企業が三十社以上も名乗りをあげた。企業にとっても、ひとつのビジネスチャンスととらえるところが多く、出だしは順調に推移したようだ。

わが日本でもこれまでに、国主導のテスト期間を経て、現在は企業での取り組みが始動した。東京ガス、大阪ガス、住友商事、コスモ石油などが共同出資会社「ナットソース・ジャパン」を設立して、温暖化ガス取引の仲介事業に乗り出すことになった。企業向けの温暖化ガス排出削減のためのコンサルティングや、海外事情の紹介、また発生した排出権の転売の仲介などにあたり、二〇〇八年の国際取引開始に備えるという。

7 衣類をおしゃれに再利用・再使用しよう

おしゃれな衣服も流行遅れとなったりして、ゴミとして捨てられてしまうことが多いが、「それではゴミが溢れてしまうし、服を作るために使われた資源や人の手がもったいない。古着として再利用、再使用すべきです」と服飾デザイナーの長田《ながた》さん。

裁ちバサミでネクタイの縁《ふち》を切り、裏返しにして縫ったあと、表地をひっくり返す。そこに芯《しん》の丸紙をあて形を整えれば出来上がり。まるで手品のように鮮やかな早業だ。使い古しのネクタイが、あっという間に胸や帽子を飾るコサージュに変っていく――。

「きょうは古着を生かすために、みなさんの手を動かしていただきたいと思います」

東京・世田谷区の東急世田谷線三軒茶屋駅の上にある高層ビルの一室で、老若男女約二十人が、長田絹恵さん（45歳・狛江《こまえ》市在住）からネクタイ・コサージュの作り方を教わっていた。

針と糸を手にすることがめったにないのか、中年男性の手つきはおぼつかない。横からベテラン主婦が「ほら、こうするのよ」と、縫い方をアドバイスする。

これは東京都と世田谷区が行っている環境講座の一こま。服飾デザイナーであり「狛江市ごみ半減委員会」の委員でもある長田さんが、今回、この講座の「古着のリサイクル」講師として、ネクタイのリフォームの方法を教えているのだ。

長田さんは言う。

「昔、糸から洋服を作ろうと思って、家のベランダで綿を育てたことがあります。一本の綿の木から二十個の実がとれたのですが、それを糸にしたら、全部使ってもたった五センチにしかならなかった。その時、Tシャツ一枚にしても、たくさんの糸が使われているのだと気がつきました。そうすると、古くなったからといって、服をゴミとして出すことができなくなって……。それで、何かに作り替えて、繰り返し使ってあげようと考えたのです」

コサージュのアイデアが出てきたのは、この「再使用」の考えからだったという。古着からはこのほかに、ポーチ、帽子、財布、布団カバーなどを次々にこしらえた。そうすると、家の中に針と糸を収めた洋裁箱が久しぶりに顔を出す。また、ミシンのカタカタという軽やかな音が響きわたる。

かつて存在したそういう光景が、今の日本の家庭から消えたと同時に、物の再使用

（リフォーム）、再利用（リサイクル）なども少なくなったと語る長田さんは、再び家の中に針と糸を復権させたいと思っている。

確かに、かつて古着と私たちの生活はもっと密接な関係にあった。一枚の着物が浴衣になったり、おしめになったり徹底して使いふるされ、最後は雑巾となって、やっと使命を終えていたものだ。しかし、今では廉価な大量生産品がすぐ手に入り、手間ひまかけてリフォームする必要がなくなった。

「それでいいんでしょうか。不要なものは捨てればいいというのでは、世の中ゴミだらけになってしまいますね。ゴミを減らすという点でも、衣服の再使用・再利用、特に再使用は必要なことだと思うのですよ」

「これは新聞の受売りなんですけど……」。長田さんはこう切り出した。

「江戸時代には古着手商い業という商売があって、木綿は重宝され、農作業用の衣服に直したりして、何と百年も使い回していたそうです。明治時代の後半には、木綿は製紙材料となり、ウエス（工業用雑巾）として使われるようにもなりました。今でもウエスとしての利用は多いんですが、たとえば洋服に作りかえるのは、そう多くありません。でも今、日本の古着はアジア各地に輸出されるほど大量になっています。ある国では日

①ネクタイの先から50cmのところで山形に切る。表地のみ、切り取る。★を合わせ、ピンで止める

②△から0.7cm内側を縫う

③ねじれるように左右を、先端まで縫い合わせる

④糸を引きしぼり、玉止めをする

⑤表に返す

⑥形を整え、真ん中をひと針止める。釦やビーズを止めるのも楽しい

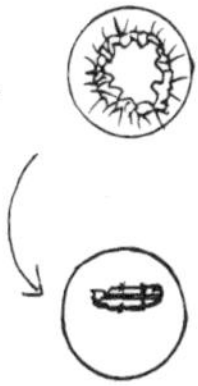

⑦共布に、直径3cmほどの丸い厚紙を包み安全ピンを縫いつけて土台にする

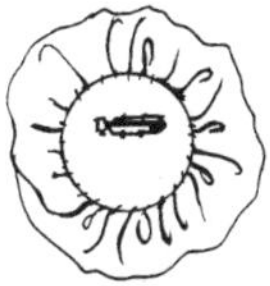

⑧花と土台を止めつけて完成！

本の有名ブランドメーカーの下着が古着として売られていて、とても評判いいというんですね」

わが国で捨てられる繊維製品の量は、一人当たり年間八、九キロという。この膨大な古着を上手に再使用、再利用するためには、専門の繊維再生業者の存在を忘れてはならない。彼らは古着を商品として売買し市場に送り出し、リサイクルの流れを作る重要な役目をになっている。その業者が今、悲鳴をあげているという。業者では集めた古着をリサイクルできるものと、そうでないものに選別したあとプレスして梱包し輸出する。

「古着が大量に出て、輸出するまでの工程に滞りが出てきたそうです。リサイクルの流れが崩れてきているんですね。業者に問い合わせると、ひところよりは緩和されたと言いますが、せっかくのリサイクル活動の流れがせき止められるのはいけないですね。リフォームの大事さを、もっと広く知っていただきたいなぁと思います」

長田さんは、夫と長女の三人暮らし。着物などを現代風の上着にリフォームして、家族に着せるのもお手の物。長田さんの当日の装いもそうした一枚だった。それが参加者の目にはとても新鮮に映っていた。

豆知識⑦

オゾン層に穴（オゾンホール）

オゾン層とは、地上十から五十キロメートル上空の成層圏で、地球をぐるりと取り巻くオゾンを多く含む層のことである。オゾン層は、「地球の宇宙服」と形容される。生き物に有害な宇宙から飛来する悪玉紫外線を吸収し、私たちを守ってくれているからだ。

オゾン層はとても薄い。仮に地上にもってくると、たった厚さ三ミリメートルにしかならない。近年、フロンと呼ばれるクロロフルオロカーボンなどから発生した塩素原子が増え、この〝宇宙服〟に穴を開けるゆゆしき事態が起きてきた。オゾン層の破壊、いわゆる「オゾンホール」の発生である。

上空のオゾンが消滅し、オゾンホールができると、有害な紫外線が地上に届き、いろいろな悪さをする。そのひとつが、皮膚がんや紫外線由来の白内障の増加だ。

四十五億年前の地球誕生のころ、まだオゾン層は存在しなかった。地球は二酸化炭素におおわれ、そこに宇宙から紫外線が容赦なく降り注ぐ。その後、海ができ、やがて単細胞生物が誕生した。単細胞生物は二酸化炭素を吸収し、酸素を吐き出す光合成によって、気の遠くなるような時間をかけて地球を酸素に満ちた星に変えていった。オゾン層ができたのは、今から四億年前。こうして、生物は陸上でも生きることができるようになったのである。

さて、オゾンホールが最初にみつかったのは一九八五年、南極付近でのことだった。そのあともホールはしだいに大きくなり、二〇〇〇年にはついに南極大陸の二倍以上の約三千万平方キロメートルにまで広がった。一方、人工衛星のデータから、オゾン層の厚さも二・二ミリメートルまで薄くなったことがわかった。問題は、この薄さではオゾンホールから飛び込んでくる有害紫外線が増えること。現に、南極大陸に近いチリ南部などでは有害紫外線量が人々の健康を脅かすことになった。地元の人たちは、当局から出される紫外線情報を頼りに、外出をひかえたり、肌をさらさないような服を身にまとったりしなければならなくなった。

米航空宇宙局などの調べでは、成層圏のオゾン層は、赤道付近を除いて、年々、減少しているという。こうしたことから一九八七年、オゾン層の保護をうたった「モントリオール議定書」が取り決められた。先進国がリードする形で、フロンを冷媒に使う冷蔵庫やエアコンの製造を手控えたり、フロンの全廃などを決めた。しかし皮肉なことに、南米などでは経済面からフロン全廃に二の足を踏み、これがオゾン層破壊に拍車をかける悪循環を生み出す結果となっている。

8 水を汚す「米のとぎ汁」から作った「EM菌」で家がきれいに

「米のとぎ汁」は河川を汚す物の中のワースト1だそうである。このため、とぎ汁を庭にまいて川を汚さないようにしている人もいるが、EM菌という有用微生物群を使って、浄化し、さらにその培養液を脱臭剤や洗剤など様々な形で利用している人がいる。果たしてその効果は——。

風光明媚《ふうこうめいび》で波穏《おだ》やかな大村湾に面する長崎県時津《ときつ》町に住む荒木康子さん（58歳）の家にはにおいがない。人間、生活をしていれば、家の中には食物や衣類などが発するさまざまなにおいが、少なからず漂っているものだ。それがまったくないのだ。

「『白鳩』誌のおかげなんですよ」

荒木さんはそう言って、クスリと笑った。

「この『あなたもできるエコロジー』の連載で以前、米のとぎ汁がどれほど河川を汚すかをレポートしてましたね。二リットルのとぎ汁を排水口に捨てると、川に魚が棲《す》めるためには、浴槽（三〇〇リットル）四杯分もの水で薄めなければならないそうですね。

私、あの記事を読んでからというもの、米のとぎ汁を一滴も台所の排水口から捨てられなくなったんです。また、米のとぎ汁とEM菌を混ぜたものを醗酵《はっこう》させた液をまいて、河川の汚れを取り除いている人の話も載っていました」とのこと。記事を書いた者として、こうした反響はうれしいものだ。

EM菌とは、人間の身体に有用な微生物を何十種も組み合わせて作った培養液の総称だが、ゴミを良い肥料にしたり、水もきれいにするなど様々な働きがある。

「で、私も作ってみたんですよ」

EM菌は市販もされているが、荒木さんは家の近くの諫早《いさはや》市や、飯盛町漁協が町から助成金を受けて作っているものを入手した。

作り方はそうむずかしくない。米のとぎ汁に、EM菌と糖蜜を混ぜるだけ。糖蜜はどろりとしていて溶けにくいので、あらかじめとぎ汁でよくのばしておくといい。それらを均一に混ぜたあと、よく洗って乾かしたペットボトルの上五センチほどを残して移し入れ、ふたをかたく閉めて保存する。

一、二日後、ペットボトルのふたを開けて、醗酵作用で膨《ふく》らんだペットボトルの空気を抜いてやること。「これを二、三回繰り返すとば出来上がりです」と荒木さん。混合液はこげ茶色だが、完成すれば色が薄くなって、甘酸っぱいにおいがするから見分けがつくと言う。

冬は醗酵するまでに一週間から十日ぐらいかかるが、夏場は二、三日でＯＫ。冬場でもこたつの中に入れるなどして発酵スピードを上げれば三日ほどでできる。米のとぎ汁とＥＭ菌、糖蜜の割合は、「とぎ汁一リットル」対「ＥＭ菌一〇cc」対「糖蜜一〇cc」。それぞれの量の増減はこの比率に合わせ計算すればいい。とぎ汁は一回から二回目ぐらいの比較的濃い部分を使用するのがコツだという。

さて荒木さん、この発酵液をどう使っているのだろう。「それはもう何にでも。お風呂に入れて保湿剤にしますし、食器の洗い桶に入れたり、ふきんなどに染み込ませて食器棚や床などを拭きます。また数倍に薄めたものはスプレーに入れ、ごみ箱や部屋の消臭剤として利用します」

なるほどこれで部屋に、いやなにおいがこもっていない謎が解けた。

荒木さんは、町立時津小学校で給食事務職員として働いている。そこで仕事仲間に勧めたりもしたが、何といっても反応がよかったのは、姉妹たちだったという。

隣町の長与町嬉里《うれり》に住む廣瀬《ひろせ》良子さん（68歳）、近所にいる口石澄子さん（66歳）、そして友人の尾崎富美代さん（55歳）だ。三人は「私も作ってみよう」とさっそく、醗酵液を作り出した。三人が加わったことで、さらに醱酵液の利用範囲が増えていった。廣瀬さんは介護している母のおむつや布団に薄めた液をスプレーする。

「これまで洗浄専門会社の空気清浄機などにお金をかけていましたが、その必要がなくなりました。年間約五、六万円ほどの節約になったと思います。消臭剤はいらないし、洗濯機にも入れますので、その分、洗剤を使わず、すすぎ水の節約にもなったんです。水道代や電気代がずいぶん浮きましたね」

横から尾崎さんが言う。「髪の毛にもいいみたい。リンス代わりに使っていますが、髪が柔らかくなりましたし、白髪も減りました」そこで荒木さんはさらに考えた。

「もっと大勢の人に醱酵液を作ってもらえれば……そうだ！」と思いついたのが、醱酵液作成グッズを一式実費千五百円前後で分けてあげるというアイデア。グッズはEM菌、糖蜜、そしてプラスチック製のボールやじょうろ、霧吹きなどだ。これを常時、車に積んでおき、欲しい人にはその場で渡している。

「醱酵液そのものを差し上げては、とも言われますが、それではダメなんです。だって米のとぎ汁を減らすのが目的なんですから」

荒木さんの「米のとぎ汁ゼロ作戦」は今日も続いている——。

豆知識⑧

家畜のげっぷ・おならは害

牛や豚など家畜のげっぷやおならが地球温暖化ガスとなっているとして、ニュージーランドでは削減策に頭を悩ませている。その一環として、二〇〇三年、酪農家などに対して新たな新税制度を設け、課税することを決めた。この〝げっぷ・おなら税〟は、温室効果は二酸化炭素の二十倍以上といわれる、メタンガスや亜酸化窒素などの排出量についてかけられるもの。これらは、いずれも家畜のげっぷなどに含まれる有害ガスだ。

さて、ニュージーランドはご存知、畜産大国である。人口約四百万人の約十倍近い羊、牛やヤギが飼育されている。専門家によると、牛などのように消化を反芻する動物の場合、胃の中の草を消化する微生物からメタンガスなどが出やすいという。

ところで、家畜はどのぐらいのメタンガスなどを出すのだろうか。

専門家の調べでは、牛は年間一頭当り六十から七十キログラム、羊の場合は〇・三キログラムのガスが出る。こうしたことからニュージーランドの農家からは、一頭当りの課税というのは不公平な方法だとの反対論が聞こえてきた。

そこで政府は、メタン生成の少ない牧草開発や微生物の活動を抑制する研究に取り組むことになった。農家の年平均負担額は三百ニュージーランドドル（約二万一千円）、総計年間六億円ぐらいの税の徴収で、環境対策に乗り出すことを決めたのだ。ニュージーランドが排出する温暖化ガスのおよそ五五％が、これら家畜から出されるメタンガスなどというから、それらの削減をめざす研究・開発にもいきおい力が入る。

過去、京都議定書を決めた会議の席上でも、インドの牛のげっぷが指摘され、大騒ぎになったことがある。日本はといえば、世界的に見てメタンが少ない国だ。沼地が少ない上、家畜もまた少ないのがその理由。しかし、北海道は酪農王国である。道内では牛、肉牛、乳牛合わせて約百二十五万頭いるといわれている。しかし、メタンになじみが少ないお国がらのせいか、国内でげっぷ税をかけようとの動きは今のところまったくない。

メタンや亜酸化窒素の主な排出源は、日本の場合、自動車であることが明らかになっている。神奈川県環境科学センター大気環境部によると、ガソリン車などは、ディーゼル車などに比べて亜酸化窒素の排出量が多く、走行距離が大きくなるにつれて、その排出量が増える。車のマフラーの中には、排気ガス中の有害物質を触媒の働きで人体に影響が少ない成分に変化させる触媒装置が装備されている。ガソリン車は「三元触媒」と呼ばれる装置で浄化しているが、この触媒を走行距離五万キロメートルを機に新しいものに交換することで、亜酸化窒素などの削減はできるのだそうだ。

9 ゴミにする前に、リサイクル業者に電話を

それまで大事に使い、大いに役立ってきた物も、壊れたり新製品が出ればゴミとして捨てなければならないことが多い。しかし、「捨てるのはちょっと待って！」と言う人たちがいる。不用となった物を蘇らせ、再び使ってもらうようにするリサイクル業者だ。

「物を捨てようと思ったときには、ぜひ私たちリサイクル業者に電話をください」

こう呼びかけるのは、兵庫県芦屋市で不用品回収・リサイクル業を営む谷本信幸《のぶゆき》さん（51歳）と優子さん（42歳）の夫婦。

「あなたにとっては不用品かもしれないけれど、それを欲しいと思っている人が必ずいるのですよ」と優子さん。そしてこう続ける。「物を捨てるときには、地域の職業別電話帳を開いてみてください。古物商やリサイクルという項目があるはずです。そこには何軒ものリサイクルショップが電話番号を載せて、あなたからかかってくる電話を待っているんです」

谷本さん夫婦の店は「あずまや出張買取センター」。取り扱う品は、家庭内で不用になった家具、電化製品、楽器、あるいは業務用厨房やブランド品など。「引き取ってもらいたい」という電話を受けるとすぐさま車で出向き、まだ使えるものは買い取り、そうでないものは費用をもらって処分場へ持って行く。買い取ったものは月に二、三回開かれる業者のオークションに出品して販売する。

「せっかく〝物〟としてこの世に作られたものが、リサイクルされれば、また誰かのために役に立ってくれるのですから大事にしなければ。だからオークションで買ってくれる人がいるとすごくうれしいんです」と優子さん。

一方、処分場に行くときは気が滅入る。所狭しと積み上げられた残骸をみているうちに、「このままゴミとして捨てられてしまうのだ」と悲しくなる。そして「まだまだ使える物なのに、こんなに物を捨てていたら、いまに地球上はゴミだらけになってしまうんじゃないかしら」と心配になるそうだ。谷本さん夫婦がリサイクル業に着目したのは九年前のことだった。一月十七日未明に起きたあの阪神淡路大震災がきっかけという。大地震の恐怖が今も悲しい記憶として蘇る。優子さんはいう。

「私は幸いなことに、あの朝、夫の大声で目が覚めて布団を出たんです。あと数秒遅かったら、倒れたショーケースのガラスの破片で大怪我をしてたかもしれません」

9　ゴミにする前に、リサイクル業者に電話を

芦屋市は人口八万人強の小さな街。その中で四百人もの人が、あの地震でいっぺんに亡くなったのだ。長女・倫子《のりこ》さんのそろばんの先生も犠牲者のひとりとなった。

横から信幸さんが話を引継いだ。

「あの朝、私はたまたま朝早く起きて、台所のテーブルで新聞を読んでました。すると外から『ゴオオオッ』という地鳴りが聞こえてきたかと思うと、石つぶてがガラス窓に当たったような、『バチン』という音が一回しました。そのすぐあとです。部屋全体がこれまで体験したこともないような激しさで揺れ出して……。私はテーブルを両手でひっつかんで体を支えながら、大声で『起きろ、地震だ、大きいぞ』って叫んでいました。みると天井の梁がグニャリ、グニャリと歪んでいる、もうだめだ、梁が落ちる、死ぬ、と思いました」

しかし、この自宅マンションのある市の北東部は大きな被害を免れた。奇跡的だった。やがてテレビで自分の街が大地震に直撃されたことを知ることに——。そして瓦礫《がれき》と化した街が早くも復興に向けて動き出したそのとき、コンクリートや鉄筋などに混じって一般の家々から出たゴミの山がうず高く積み上げられるのを目にするようになった。いすやテーブル、オーブンや本や食器や布団など、ありとあらゆる生活雑貨が粉々に壊れ、うち捨てられようとしていた。

「ほんの数日前まで人が住んでいた家、今まで大事に使われてきた物が全部ゴミになってしまったんです。あれを使っていた人はどうしたのだろうと考えると、人間も物も哀《あわ》れでした」と優子さん。

亡くなった人は生き返らない。けれど、せめて彼らが愛用していた物には再び命をあげることができるかもしれない。そんな気持ちが次第にリサイクル業を始める努力のエンジンとなっていった。そして信幸さんの転職だった。信幸さんはそれまで観光バスの運転手だった。脱サラ後、手がけたのは便利業の仕事だった。深夜の運転代行からペットの散歩まで、何でもやった。その中に不用品の回収があったという。

「だからでしょうか、地震に遭って真っ先に、考えたことは、生長の家の教えにも添った、物を活かすリサイクル業で身を立てることでした」

リサイクル業者に電話をすることなら、誰にでもできる。あなたからの一本の電話が、不用になった物をもう一度蘇らせ、活用への道を開き、資源をムダにしないですむというのだ。「私たちに任せてもらえれば、必ずそうしてあげますよ」――谷本さん夫婦は自信たっぷりにそう言い切った。

豆知識⑨

なぜ温暖化ガス排出量、目標値上回る

温暖化ガス削減を目指す京都議定書（一九九七年）では、各国の温暖化ガスの削減目標が取り決められた。二〇〇八年から五年間に、たとえば日本は一九九〇年比で六％、米国は七％、欧州全体では八％などを削減の目標としている。

しかし今、日米でこの目標値の達成が危うくなっている。

日本では、経済産業省の諮問機関の調べによって、化石燃料から出る二酸化炭素（CO_2）などの温暖化ガスの排出量が早くも二〇一〇年度、一九九〇年度より五％増えることがわかった。CO_2の排出量の少ない原子力発電所の新設が当初予定より少なくなったこと、またオフィスビルの建設ラッシュ、さらにパソコンや車の普及がその原因の一端を担っているという。同省の調べでは二〇〇二年度のエネルギーの消費量は前年度比一・三％増。ここでも鉄鋼・化学分野の生産が持ち直したこと、民生部門が活況を呈したことなどが遠因となっている。

こうした現実から、関係者は、「これまでのように省エネに頼りすぎの政策では、削減は難しいのではないか」との見方を示している。というのは、たとえば、冷蔵庫を例に

とってみても、一昔前のものに比べて今の製品は電力消費量が二割弱と省エネ目的はきちんと達成しているのだ。だが、一方ではデジタル家電などが台頭してきて、総合的にみると、せっかく蓄積された省エネ効果を台無しにしている。

そこで、政府ではイギリスなどの欧州で実施され成果をあげている環境税の導入を考え始めた。しかし、これは産業界だけに努力を強いるものゆえに反発は必至、また実現しても経済活動の抑制にもなりかねず、関係者は削減対策に頭をかかえている。

アメリカでは、二〇〇一年、京都議定書の取り決めから離脱してしまった。理由は「議定書が地球温暖化の原因としているCO$_2$などはあくまで任意のものなのに、その削減を義務付けるのはおかしい」というもの。ただし米環境保護局は、温暖化ガスの大半は、化石燃料の使用など経済活動によって発生し、それが地表面の気温や海水温を上昇させていることを認めた。

しかしながら、温暖化には地球規模の気象変動などのほかにも原因があるとする姿勢は崩さないまま、企業や個人がクリーンエネルギーへ転換する際には免税をしたり、クリーンエネルギーの技術開発などを進めることで、議定書が定める削減効果に匹敵する値をはじきだすとしている。その背景には、CO$_2$の削減を守れば経済が後退するという声が依然根強くあることをいっておかねばならない。

10 歩くような自然の速さで

現代人はせっかちである。都会はもちろん農村でも、ゆったりとした生活のリズムを楽しむことが少なく、効率を求めてひたすら急ぐ。そんな中、ピアノ教師の石坂紀代子さん（兵庫県）は、一緒に暮らす義父母の野菜作りの自然で、無駄のない生活に、環境に優しい生き方を学んだという。

「急いで苗を植えるぞ」「そうですねえ」――朝食の食卓で舅の石坂肇《はじめ》さん（73歳）と姑のイツ子さん（72歳）が話している。

穏《おだ》かな口調、だが、肇さんの言葉には、有無を言わせぬ重みがある。石坂紀代子さん（49歳）は後片付けの手を休め、そっと窓の外に広がる青空をながめた。そしてつぶやいた。「きっと、もうすぐ雨が降るんだわ」と。

兵庫県太子町は、その名の通り聖徳太子ゆかりの地として知られている。石坂家の広い家庭菜園は、聖徳太子が幼少の頃過したという斑鳩《いかるが》寺の近くにあって、根菜や菜っ葉が栽培されている。

夏は大玉のスイカやトウモロコシが畑を埋めつくし、冬場は白菜やダイコン、ミズナ、春には絹さや、えんどう豆……と、たわわな野菜類は石坂家の食卓に毎日ふんだんに並ぶ。収穫物は紀代子さんとイツ子さんが、皮も実も使いきっている。たとえば、イツ子さんは切干大根や漬物など保存食に加工する。

肥料も、野菜の食べられないところや、残飯を処理したもの、何ひとつ無駄にしない。

「農業は自然と相談しながらの仕事です。作物は自然からの恵みでしょう、ですから無駄にはできません。特別なことはしていませんが、何も無駄にはしないことが、強いていえば環境にやさしいことになるのかな……」と、紀代子さん。

これらの野菜類は、紀代子さんの実家や近所の人にも配られるが、実家では「ダイヤモンドをいただいたようにうれしい」と喜んでいるという。最近では市場にも出荷、近在の人々には廉価で販売し人気を博している。

「〝自然とともに〟という義父母の生き方を見ているうちに、せっかちで、きょうのことしか見えなかった私も、一年というサイクルでものを見ることができるようになりました。そして自然に目をむけることの大事さと喜びを教わったと思います」

種まき、苗植え、除草、肥料やり。どの段階で失敗しても、収穫にはたどりつかない。失敗したら、一年後の同じ季節をひたすら待って、同じ作業を繰り返さねばならない。

この一年間で繰り返す生活では、時間はゆっくりと流れるので、いそがしい日々の中でも手作りのおやつを用意したり、イツ子さんを手伝って漬物をつけたりすることができる。

「食生活で足りないのは、お肉とサカナだけでしょうか」と紀代子さんは笑う。

「アンダンテ」。これはピアノ教師でもある紀代子さんが参加している地域のコーラスグループの名称だ。意味は「歩くような速度」。まさに紀代子さんの生活のリズムそのもののネーミングである。

紀代子さんは、小さいときからピアノが好きだったが、大学は音大ではなく薬学部に進み、大学病院にある研究室で研究生活を送った。何かし残しているような気がして、嫁入り道具に電子ピアノをしのばせた。

それが、三人の子供のPTA活動の一環として始まったリトミック（音楽にあわせてする踊りや体操）で一気に開花した。十年前のことだった。

折りしも、県の「子育て学習センター」がオープンし、太子町がその活動のためにピアノ講師を募集していた。応募すると、首尾よくパスすることができた。

「四十歳でしたよ。改めてピアノを習いに行ったのは。もう夢中でした。結局七年間も

〝歌のおねえさん〟をしてしまいました」

この経験が、紀代子さんの「物事はすべて自然流で」という考えをさらに後押しすることになる。

「若い人なんか三カ月で弾けるところを、私は六年もかけて、やっとマスターしたんです。当時は子育てや、学校の行事などで忙しく、練習する時間がなかったんです。ずっと後になって先生に『何てできが悪いんだろう。やめた方がいいじゃないかって思いませんでしたか』と聞いたんです。すると先生は『いいえ、一度もそうは思いませんでしたよ』と。そういえば、私の生徒も最初から教えた通りにできる子は三十人中数人。でも、必ずいつかは弾けるようになる、私がそれを証明しています」

やっぱり紀代子さんが行うピアノレッスンは「ゆっくり、自然流で」がモットー。

現在の紀代子さんの夢は「おじいちゃん・おばあちゃんの知恵」的生活術を完全にマスターすること。農業の営み、自然食にあふれた食卓、塩分控えめの健康家庭料理だ。

力が入り過ぎると、イッ子さんが声をかけてくれる。

「一日にひとつできれば、それでいいの。急ぐことはない」

豆知識⑩

エコマークの本

一冊の本が発行された。『エコマーク　商品カタログ　2004年度版』日本環境協会監修（チクマ秀版社）だ。A4判、三一二ページの分厚い本の中身は、これすべて環境に配慮して作られた商品の紹介に徹している。

このユニークなカタログ本が取り上げるのは、「オフィス用品・文具」「紙・OA用紙」「台所用品・せっけん（洗剤）」「日用品・包装用材」「繊維製品」「建築部材、土木・工事用品」「その他」の七項目。いずれも、地球を両手で抱えたおなじみのあの図柄「エコマーク」がついたものが主。それぞれの商品の値段や製作会社とともに、項目ごとの最終ページにエコ用語のコラムを設け、エコ活動の啓蒙に一役買っている。「台所用品」では、お茶パック、ペーパーフィルター、生ごみ処理機など。また「日用品」は、うちわからトイレットペーパー、ロープやひも類まで、こまごまとした生活用品が並ぶ。「建築部材」は、リサイクル可能なレンガや、シックハウス症候群などを起こさない畳、建材などが網羅されている。これら商品に共通するのは、「地球にやさしい」ということ。カタログ本が目指すのは、「グリーン購入を目指す人のためのガイド本」である。「グリーン購入」

とは「環境に優しい、環境に配慮したものを買う」という意味で、こうした品物を求める消費者を「グリーン・コンシューマー」と呼ぶそうだ。

消費者の動きに連動するかのように、ここ数年、環境に配慮した商品をつくる企業の数も増えた。また企業にとっても、エコ商品を販売するということは、企業イメージのアップにつながる。どうせ買うならグリーン購入で、ということになれば、その企業の株価にも反映する時代である。

ところで、エコマークは日本ではＩＳＯ（国際標準化機構）エコマーク事務局が運営している。こうした環境ラベルの制定のさきがけは、ドイツの「ブルーエンジェル」（１９７８年）、次にカナダの「エコロゴ」（１９８８年）、日本でも相前後して、エコマークが制定された。

エコマークのラベルにふさわしい商品はどのようにして認定されるのだろう。コピー用紙を例に取ると、まず原料に古紙パルプが七〇％以上使われていること。さらに白色度が七〇％以下、パルプ漂白工程で塩素ガスを使っていないことなど厳しい条件があり、これらを満たしているかどうかを複数の専門機関が段階的にチェックする。環境に配慮した商品購入の推進を目的に日本は二〇〇〇年、グリーン購入法を制定したが、これらが認定する商品はエコマークの品々とも重なっている。

11 「捨てればゴミ、生かせば資源」を実践して

洋酒などを割るときに使うソーダ水を使って窓を拭くと、驚くほどきれいになるのをご存知だろうか。膨《ふく》らし粉に使う重曹《じゅうそう》も掃除用の洗剤として効果が大きいことも試して欲しい——今回登場の國吉洋子さんの「環境生活」を聞いてみると。

「捨てればゴミ、生かせば資源」——東京都杉並区に住む主婦・國吉洋子さん（60歳）がそう考えるようになったのは、ゴミの本格的な分別をするようになった平成五年のことだった。当時、杉並区では資源ゴミの回収を推奨するため、資源ゴミ出しを実行する自治会などに助成金を出していたが、國吉さんはいち早く実行した。

地域の人々十数人に声をかけ、びん・缶、衣類、新聞紙、チラシ、ダンボールなどに分けて、ゴミを出すのだ。平成十一年に都全体で分別ゴミ出しが始まったため、國吉さんたちは衣類以外はグループでの資源ゴミ出しをやめたが、振り返れば六年にわたって資源ゴミの分別と回収にかかわったことは、環境の危機を実感する貴重な体験を積むことだった。

「あのころ私たち、自分たちを『燈台グループ』と名づけまして。生長の家の「七つの燈台の点灯者の神示」にもあるように、世を照らす灯台になろうって言って、雨や雪の日はうちのガレージに集めた資源ゴミを夜中までかかって整理したり、定期の資源ゴミ収集日に出せない人にも前もってガレージにゴミを持ってきてもらえるよう働きかけたりね。そのうち遠方からも宅急便使って衣類などの資源ゴミを送ってくださる方が現れたり……感激しました」助成金は三カ月で一万七千円。國吉さんたちはそうしたお金を貯め、世界の恵まれない人々に送ろうと話し合った。

「ルワンダに三万円、コソボには五万円、ペルーへの弔慰金として七万円、そして阪神淡路大震災の義捐《ぎえん》金として十二万円を充てましたし、心臓病で苦しんでいる子供たちを救うために産経新聞が募金している明美ちゃん基金にも六万円近く寄付しました」

文字通り、灯台の役割を果たしていたのだ。ところが國吉さんを愕然とさせるものが現れた。生長の家本部から発行された『環境問題を考えよう！──家庭でできる取り組み──』というパンフレットだ。これまで私が取材をした多くの人たちが、この小冊子に書かれている内容を読んでショックを受け、その後の生活態度が変わったと話してくれたが、國吉さんもその一人だった。「お米のとぎ汁二リットルを蛇口から川などに流した場合、三〇〇リットルの浴槽で四杯分の水で薄めないと、元のきれいな川を取り戻せない。また牛乳二〇〇ミリリットルでは、なんと浴槽一〇杯分もの水が必要だと書いてあります」

それからだった。國吉さんは古着をウエス（雑巾）に再利用して、フライパンの油やお皿に残った汚れをふき取ってから洗うようにしたし、お米はとぎ汁の出ない無洗米に変えた。國吉家では月に一度、赤飯を炊く習慣がある。多いときで九合ほどを炊いて、仏壇と神棚に供《そな》え、家族や皆さんに食べてもらっている。それで、それまで無意識に捨てていたもち米を研いだあとのとぎ汁の処理が、にわかに気になり出した。そこで――。

「とぎ汁は有用菌のEM菌で醗酵《はっこう》させ、希釈した液をキッチンや風呂場などの排水溝から流します。そうすれば河川もきれいにできると聞きましたので」

その他、台所や庭から出る生ゴミを肥料にする生ゴミ処理機を区の助成金も加えて買った上に、亡くなった友人の遺族からもらったものを合わせてコンポストも二台も使っているほど。

國吉さんは今、身近かな商品の中でどのようなものが環境への負荷が少ないかを熱心に調べている。たとえば室内の掃除、重曹《じゅうそう》や炭酸水などが意外な優れものであることを

SODA

本で知った。

「重曹はご存知の通り、パンやお菓子の膨《ふく》らし粉、またあく抜きなどに重宝ですね。でもそのほかに、やわらかくて傷がつきやすいものの汚れを落とすのにいいのだそうです」

使い方は簡単。スーパーなどで「ベーキングソーダ」、あるいは薬局では「炭酸水素ナトリウム」として販売されているものを買ってきて、重曹一カップに対して水二分の一カップを溶かした溶液を作り置き、そのつど使う。本によると「酸性の油よごれを中和し、研磨剤としてもよい」と説明してある。

また、ウイスキーなどを割るときに使う甘みのない炭酸水も理想的な洗剤になり、炭酸が抜けても効果は変わらないという。

「私はこれでガラス窓を拭くんです。最初にソーダ水をシュッとふきかけておいて、そのあとからウエスでふいていきます。すると見違えるほど窓がピカピカになるんです。人間が飲んでも大丈夫なんですから、環境にもやさしいはずだと思ってやっています」

國吉さんは最後にこう締めくくった。「お米のとぎ汁ひとつとっても、あれほど川を汚すのだと知って見る眼が一八〇度変わりました。意識が変わったんです。そうすると、とぎ汁を流すことができなくなったのです。結局、意識を変えることが大事なんですね」

豆知識⑪

ごみゼロ運動の現状

日本では、国の政策として、容器包装リサイクル・家電リサイクル・建設リサイクル・食品リサイクルが進行している。それぞれにごみを出さない、またいったんごみとして捨てられたものをリサイクルやリユースするという動きである。

その政策に連動して、私たちも日々、ごみの分別出しやリサイクル活動に励んでいる。しかし、果たしてそれでごみは少なくなったのだろうか。

目を転じてみれば、いくらごみの分別出しを徹底しようが、スーパーマーケットなどには連日、美しく豊かな食材がずらり並ぶ。まがったキュウリや傷のついた果物などは、市場に出る前に間引きされ、消費者は、それら選ばれた品々だけを手にしている。オフィスではまだまだ紙や事務用品はふんだんに使われているし、個人の家の中には古着や日用品があふれかえる。それが現状だ。

グリーンピース・ジャパンによると、日本は世界有数のごみ焼却炉保有国だという。逆に言えば、日本はそれだけごみ大国ということである。

日本では、ごみの分別出しとそれらのリサイクルやリユースなどでごみゼロを目指そうとしている。だが、欧米の先進国では、発生したごみをどう処理するかよりも、第一に「ごみを出さないこと」に重点が置かれているのだという。その上で、ごみを「資源としてリサイクルできるものとできないもの」に分け、資源化できないものは、そもそも製品としてこの世に出さないという姿勢を貫こうとしている。それが「ごみゼロ社会」の基本的な考えだということだ。ごみゼロ社会をめざすこの政策は「ゼロ・ウェイストzero waste」と呼ばれている。

では、ごみを燃やすのは、なぜいけないのか。それは、ダイオキシン類や重金属などの有害物質を出すからにほかならない。また、ごみを燃やすことで二酸化炭素を排出し、地球温暖化の促進に加担することになる。もちろん、資源のむだ使いだからという理由もあげられる。これまで徳島県勝浦郡上勝町など複数の自治体が「ゼロ・ウェイスト」宣言を行った。同町では、未来の子どもたちにきれいな空気やおいしい水、豊かな大地を継承するため、二〇二〇年までに町内のごみをゼロにすることを決意した。

具体的には、焼却や埋め立てが健康への被害、資源の損失、環境破壊、財政圧迫につながるとして、焼却処理と埋め立て処理を全廃する。またごみの発生抑制、分別・回収を徹底して、ごみの発生率を最小限にする。さらに企業に対しては、製品の再利用、再資源化などの再処理経費を商品に内部化して負担する制度を確立させるなどとしている。

12 屋根で太陽光発電をしながら考える

家の屋根に太陽光発電のソーラーパネルを取り付けている家を見ることが多くなってきた。今回取材した夫婦は「環境のための機器を導入することはとても良いことですが、本当は機器を作り、廃棄する際の環境汚染まで考えないといけない」と話してくれた。

「環境問題を解決する方法のひとつは、自然エネルギーの活用です。わが家では三年前に、太陽光発電のために二十四枚のソーラーパネルを屋根に取り付け、電気の一部を太陽エネルギーに換えました。同時に、安い夜間電力を利用した温水器も設置して、経済的にも引き合うようにしました」

茨城県つくば市に住む星野薫《かおる》さん（63歳）はこう言って、二階建ての自宅の屋根を仰ぎ見た。視線の先には屋根の五分の三ほどを占めるソーラーパネルが、がっちりと日の光をキャッチしている。発電された電気を受ける機械も、配電盤などと並んで壁に付けられ、刻々と発電量を表示している。

「最近の新聞広告を読むと、屋根の南側全面にソーラーパネルをつけて、光熱費がゼロになる住宅が出てきているようですので、わが家で導入したときより、かなり技術の進歩があったのだと思います。これからさらに性能が向上し、大量生産によってコストが下がれば良いですね」

星野家が十二年前に新築したとき、ご主人の力《つとむ》さん（66歳）と薫さんはクリーンエネルギーで生活したいと話し合って、ソーラーパネルを屋根に取り付けて太陽光発電をしようとしたのだが、その時は値段が高く、機械も大きくてベランダの三分の一を占拠するほどだったので断念したという経過があったのだ。

力さんは筑波大学名誉教授で、専門はコンピューター科学、システム工学、電気工学。『誰がどうやってコンピュータを創ったのか?』（共立出版）『ロボットにつけるクスリ』（アスキー出版）などの著者でもある。

研究者の立場から、力さんはエネルギーに興味を抱いていて、ソーラーパネルを屋根に取り付けることを決めたのだった。資源や環境の保全に貢献すると同時に、太陽光を電気に換える新エネルギーの発電方式に興味を持っていたからだという。

力さんはそれでも「パネルをつけただけでは本当に環境のためになったとは言えません。第一に、ソーラーパネルを設置しただけでは経済的には引き合いませんでした」

と説明する。

「最近二年間の平均では、電気代は毎月約七千五百円。逆に太陽光発電で余った電気を東京電力に買ってもらっている金額は毎月四千五百円ほど。私たちが実際に支払うのは月約三千円で、これは装置を設置する前からいえば七千円の節約になったのです。しかし、装置の設置費用は三百万円で、国の補助金が九十万円出ました。差し引き二百十万円をこの節約額で償却するにはかなりの年月を要しますね。それで夜間温水器システムを取り付けました。こうすることによって、経済性を改善することができたのです」

こうした工夫で、星野家では光熱費を大幅に節約することができた。また、夜間、駐車場などを照らす庭園灯もソーラーシステムのものを導入し、重宝している。

力さんはさらに話す。今後、太陽光発電の効率はさらに上がり、価格も安くなり、経済的に引き合うようになっていくに違いない。そんな素晴らしい機器であっても、作るときや運ぶときにはエネルギーや環境汚染物質を使用する。また、いつかは役目を終え、取り壊されれば廃棄物となる。それらを、地球や人間に無害なものとして自然に戻す手法はいまだ確立されていない。だから本当の環境によい製品とは、それを作るときから廃棄物になったときまで、環境を汚さないよう設計・製造された製品ではないかと言う。

「私たちが地球によかれと思って導入する機器でも、それが捨てられれば、逆に地球を汚す元凶になることだってあるのです」

星野さん夫婦は三年以上前から早朝、つくば市の中心にある洞峰《どうほう》公園まで散歩に出ることが多い。出掛けには必ずポリ袋を数枚持って行く。ゴミを拾うのだ。「ひところは大きな袋が必要でした。最近は少し少なくなったようです」と薫さん。それでも缶、タバコの空き箱、吸殻、弁当殻などが、あっという間に袋をいっぱいにする。

さらに、薫さんは生ゴミを庭に埋めて肥料にするゴミ減らしも実践している。

「ソーラーパネルを使ってみて、確かにクリーンエネルギーだということを実感します。発電量を調べると、毎年四月から六月までの発電量がほかの月より多いことがわかりました。この時期、茨城は他県に比べて晴天に恵まれる日が多く、そのために発電量も増えるんですね。これからの課題はこの機器が公園のあのゴミと同種にならないためにも、廃棄物になったとき、どういう処理をするのかを真剣に考えなければなりません」

「自然の恵みである太陽光を利用することって、やっぱり環境に優しい行為だと思うんです。ならば上手に使ってあげたいものですね」

力さんの言葉にそういって薫さんは何度もうなずいていた。

豆知識⑫

低公害車

米国では、ハイブリッド車などの低公害車を購入した人に対して、税の優遇措置がとられている。日本でも、環境問題への配慮からか、多少割高ではあるが、低公害車の売れ行きは伸びているという。

JAF（日本自動車連盟）によると、低公害車とは次のようなものだ。

1、既存車の改良自動車。これまでにある車にアイドリング・ストップ機能をつけたものなど。

2、代替燃料自動車。メタンなどの天然ガスや液化天然ガスなどを使用。これらは二酸化炭素、窒素酸化物や硫化酸化物などの温暖化ガスの排出量が少なく、環境汚染の心配があまりない。

3、ハイブリッド車。ガソリンエンジンに電気モーターや専用の発電機、バッテリー、制御装置を組み合わせた。ガソリン使用量が少なく、排出される温暖化ガスも少ない。

4、電気自動車。電気を専用のバッテリーに蓄え、電気の力で走行する。排出ガスはほとんどない。しかし現段階では充電時間が長く、走れる距離が短いのが難点。公用車などに使われているケースが多く、一般には普及していない。
５、燃料電池自動車。究極のエコ自動車の呼び声が高い。燃料の水素を水の電気分解で作るタイプは、排出ガスは水素だけ。しかし天然ガスやアルコールなどから製造するタイプは、製造過程でCO$_2$を排出する。今のところ水素を電気分解するための大量の電気が必要なのが難点。今、実用化に向けて、世界で熾烈《しれつ》な開発競争が繰り広げられている。
これらの低公害車を購入するのはいいことだが、今乗っているマイカーでも環境に優しいエコ運転はできる。

たとえば、駅に夫を迎えにいくときなど、待ち時間の不要なアイドリングをやめる。空気圧をチェックして適性に保つ。ゴルフバッグなどの重い荷物をトランクから降ろす。急発進・急加速をやめる。エンジンブレーキを積極的に使う。夏のカーエアコンの設定を1℃高めに。買い物などに何回も車を出すのではなく、一回ですむよう計画的運転をする。また相乗りなどをこころがける。やろうと思えばできるたったこれだけのことでも、ガソリンの使用量などを節約することで、排出ガスもぐんと抑えられる。今後、エコカー開発にはさらに拍車がかかることだろう。しかし、それを手にしたとき、これまでと同じような運転をしていたのではなにも変わらない。企業努力と個人レベルの努力が双方から働いてこそ、車社会のエコドライブが実現することを忘れないようにしたい。

エコロジーの情報募集

あなた自身の、あるいは身近な方の環境保全への取り組みについて、情報をお寄せください。自薦他薦を問いません。「白鳩」誌（生長の家の女性向けの月刊誌）など、小社発行の雑誌記事や環境に関する書籍を作る際の参考にさせていただきます。ファックスあるいはEメールにてお寄せください。採用させていただきました方には日本教文社の書籍を差し上げます。連絡先＝日本教文社エコロジー係

FAX 〇三(三四〇一)九一一八　Eメール：ecology@kyobunsha.co.jp

◎監修者紹介――**生長の家本部ISO事務局**＝平成十二年四月、環境マネジメントシステムの国際規格であるISO14001の認証を本部事務所や生長の家総本山、及び全国の練成道場や教化部などで取得を目指していくために設置された。その他、生長の家の環境保全に関する具体的な方策の推進や支援業務を行っている。

◎著者紹介――**南野ゆうり**＝昭和二十四年生まれ。法政大学経済学部卒業。雑誌編集者、フリーランスの記者を経て現在は新聞社の健康欄に記事を書いている。著書に『あなたもできるエコライフ』（日本教文社）などがある。

あなたもできるエコライフ2

二〇〇四年　九　月　一　日　初版発行

監修……生長《せいちょう》の家《いえ》本部《ほんぶ》ＩＳＯ事務局《じむきょく》〈検印省略〉
著者……南野《なんの》ゆうり〈検印省略〉
発行者……岸　重人

発行所……株式会社　日本教文社
〒一〇七—八六七四　東京都港区赤坂九—六—四四
電　話　〇三(三四〇一)九一一一(代表)　〇三(三四〇一)九一一四(編集)
ＦＡＸ　〇三(三四〇一)九一一八(編集)　〇三(三四〇一)九一三九(営業)
http://www.kyobunsha.co.jp/

頒布所……財団法人　世界聖典普及協会
〒一〇七—八六九一　東京都港区赤坂九—六—三三
電　話　〇三(三四〇三)一五〇一(代表)
振　替　〇〇一一〇—七—一二〇五四九

印刷・製本…凸版印刷

◆……本書の本文用紙は、無塩素漂白（ＥＣＦ）された植林木パルプと古紙パルプでつくられています。
印刷インクには大豆油インク（ソイインク）を使用、表紙はテクノフ加工とすることで、環境に配慮した本造りを行っています。

ISBN978-4-531-06393-2 Printed in Japan